SENTIMIENTOS IMPORTANTES

SENTIRSE SOLO

por Mary Lindeen

NORWOOD HOUSE PRESS

ESTIMADO (A) CUIDADOR (A), Los libros de la serie Comenzando a Leer - Grandes Sentimientos apoyan el aprendizaje social y emocional (ASE) de los niños. Se ha demostrado que el ASE promueve no sólo el desarrollo de la autoconciencia, la responsabilidad y las relaciones positivas, sino también el rendimiento académico.

Investigaciones recientes revelan que la parte del cerebro que gestiona las emociones está directamente conectada con la parte del cerebro que se utiliza en tareas cognitivas como la resolución de problemas, lógica, razonamiento y pensamiento crítico, todo lo cual es fundamento para el aprendizaje.

El ASE también está directamente vinculado con lo que se conoce como Habilidades del Siglo XXI: colaboración, comunicación, creatividad y pensamiento crítico. Los libros incluidos en esta serie de ASE ofrecen un acercamiento temprano para ayudar a los niños a desarrollar las competencias que necesitan para tener éxito en la escuela y en la vida.

En cada uno de estos libros, los niños más pequeños aprenderán a reconocer, nombrar y manejar sus sentimientos, al tiempo que aprenden que todo el mundo comparte las mismas emociones. Esto les ayuda a desarrollar competencias sociales que les beneficiarán en sus relaciones con los demás, lo que a su vez contribuye a su éxito en la escuela. Además, los niños también practican habilidades lectoras tempranas mientras leen palabras de uso frecuente y vocabulario relacionado con el contenido.

Los materiales de la parte posterior de cada libro le ayudarán a determinar el grado de comprensión de los conceptos por parte de su hijo, le proporcionarán diferentes ideas para que practique la fluidez y le sugerirán libros y páginas de internet con lecturas adicionales.

Lo más importante de la experiencia de lectura con estos libros, y con todos los demás, es que su hijo se divierta y disfrute leyendo y aprendiendo.

Atentamente,

Mary Lindeen

Mary Lindeen, autora

Norwood House Press

For more information about Norwood House Press please visit our website at www.norwoodhousepress.com or call 866-565-2900.
© 2022 Norwood House Press. Beginning-to-Read™ is a trademark of Norwood House Press.

Editor: Judy Kentor Schmauss **Designer**: Sara Radka **Consultant**: Eida Del Risco

Photo Credits: Getty Images: aldomurillo, 3, FatCamera, cover, 1, 29, fizkes, 11, 18, Hakase_, 11, JGI/Jamie Grill, 25, Juanmonino, 5, kate_sept2004, 6, Maica, 22, MoMo Productions, 21, SDI Productions, 10, 13, 14, 26, Thanasis Zovoilis, 10, triloks, 10, Wavebreakmedia, 17; Shutterstock: Teerawat Anothaistaporn, 9

Library of Congress Cataloging-in-Publication Data
Names: Lindeen, Mary, author.
Title: Sentirse solo / por Mary Lindeen.
Other titles: Feeling lonely. Spanish
Description: Chicago : Norwood House Press, [2022] | Series: A beginning-to-read book | Audience: Grades K-1 | Summary: "What does it mean to feel lonely? Readers will learn how to recognize and manage that feeling in themselves, and how to respond to others who feel that way. An early social and emotional book with Spanish-only text, including a word list"-- Provided by publisher.
Identifiers: LCCN 2021049941 (print) | LCCN 2021049942 (ebook) | ISBN 9781684507962 (hardcover) | ISBN 9781684047147 (paperback) | ISBN 9781684047222 (epub)
Subjects: LCSH: Loneliness--Juvenile literature. | Social isolation--Juvenile fiction. | Friendship--Juvenile fiction.
Classification: LCC BF575.L7 L5618 2022 (print) | LCC BF575.L7 (ebook) | DDC 155.9/2--dc23/eng/20211124
LC record available at https://lccn.loc.gov/2021049941
LC ebook record available at https://lccn.loc.gov/2021049942

Library ISBN: 978-1-68450-796-2   Paperback ISBN: 978-1-68404-714-7

347N—012022
Manufactured in the United States of America in North Mankato, Minnesota.

¿Alguna vez te has sentido triste y solo?

Estar triste y solitario es una forma de describir que te sientes solo.

Pero a veces, a
la gente le gusta
estar sola.

Y no están
tristes para nada.

Estar solo y
sentirse solo
no siempre son
lo mismo.

Puedes sentirte solo cuando estás con otras personas.

Podrías sentir que no les importas a los demás.

Podrías sentir que no encajas con ellos.

No es divertido
sentirse solo.

Pero a veces, está
bien sentirse así.

Todo el mundo
se siente solo
en ocasiones.

Cambiarte a una nueva escuela o mudarte a otro vecindario puede hacer que te sientas solo.

Puedes sentirte solo cuando alguien a quien amas se va.

Puedes sentirte solo si alguien no es amable contigo.

Contarle cómo te sientes a alguien en quien confías podría ayudarte.

Pensar en alguna otra cosa también puede ayudarte.

Lee un libro o sal a dar un paseo.

Canta, baila o dibuja.

Haz cualquier
cosa que te haga
sentir mejor.

Una persona que se siente sola puede verse triste.

Podría estar muy callada o enojada.

Todos demuestran sus sentimientos de diferentes formas.

Puedes ofrecerles a aquellos que se sienten solos que se junten contigo y con tus amigos.

O puedes preguntarles si podrías hacer alguna actividad con ellos.

¡Podrían divertirse mucho juntos!

Lista de palabras

a
actividad
alguien
alguna
amable
amas
amigos
aquellos
así
ayudarte
baila
bien
callada
cambiarte
canta
cómo
con
confías
contarle
contigo
cosa
cualquier
cuando
dar
de
demás
demuestran
describir
dibuja
diferentes
divertido

divertirse
el
ellos
en
encajas
enojada
es
escuela
está
están
estar
estás
forma
formas
gente
gusta
hacer
haga
has
haz
importas
junten
juntos
la
le
lee
les
libro
lo
los
mejor

mismo
mucho
mudarte
mundo
muy
nada
no
nueva
o
ocasiones
ofrecerles
otra
otras
otro
para
paseo
pensar
pero
persona
personas
podría
podrías
preguntarles
puede
puedes
que
quien
sal
se
sentido
sentimientos

sentir
sentirse
sentirte
si
siempre
sientas
siente
sientes
sola
solitario
solo
solos
son
sus
también
te
todo
todos
triste
tristes
tus
un
una
va
veces
vecindario
verse
vez
y

Sobre la autora

Mary Lindeen es escritora, editora, madre y, anteriormente, profesora de primaria. Ha escrito más de 100 libros para niños y ha editado muchos más. Se especializa en la alfabetización temprana y en libros para jóvenes lectores, especialmente de no ficción.